作者群
李柏翰　許紫涵　王翊耘
陳祉辛　簡暐君　顏序翰　姬敏暄　李恩宇
李昱瑾　周瑋莙　黃大維

當自學生遇見自學生

── 對話：那些療癒與成長的故事 ──

社團法人台灣也思服務學習協會／總策畫

謹以本書獻給所有行路於成人之旅的青少年——
長大成人的路途，時而挫折、困惑，時而跌跤、受傷，
卻能在與他者並肩、促膝、對話中，共感、療癒。
然後，我們終能緩步前進。

【關於本書】

關於「對話」，話說從頭

林淑真

緣起

這本書的緣起，要從二〇二〇年「社團法人台灣也思服務學習協會」開始辦學，成立了第一個高中階段實驗教育團體開始話說從頭。

從二〇二〇年走到二〇二二年，兩年的實驗教育辦學歷程，「也思實驗教育」不只是牽起一群高中青少年，更與許多憂心焦慮的家長、家庭協作、同行。

這些細密累積織就的工作經驗，讓自學團的淑真老師與協會秘書長Anita深切感受到只有實驗教育的行動不足以協助如此多困居於家中的拒／懼學孩子，或者因著身心疾病而無法踏出家門的青年學子們。

於是，二〇二二年初，「雁行共好——支持陪伴社會退縮者」計畫生成。

同年底，秘書長Anita萌生想辦一場倡議「社會共融」的藝文展。接下來我們馬不停蹄地展開為期一年的籌備、發想、規劃、設計、行動、修改、調整、再行動。

二〇二三年十二月，「融——心與心跨界理解，因為不同，所以相融」藝文展成功地匯聚了五個共好團體：也思實驗教育、台北市興隆會所、屏東屏陽會所、花蓮市怪藝四傑客，以及感染誌協會；以融情、融彩、融入與融合四個主題，在台大總圖日然廳與民眾見面。

從二〇二三年十二月三日「融」開幕，一直到十二月二十日閉幕、撤展，我多次地來回「融」這方充滿生命力與創發力的展場空間。因為多場共融活動，也因為帶著「也思實驗教育」的青少年以眼、以心，細膩地、縝密地去觀賞一場用眾人的生命經驗共構築的創作。

這是所有參展人用個人的生命故事去回顧、去寫、去畫、去表達、去展演，然後，勇敢而篤定地呈現在所有人面前的創舉。

回顧至此，可以聚焦回來談談《當自學生遇見自學生——對話：那些療癒與成長的故事》這本書了。

「也思實驗教育」是五個參展團體之一，能夠與眾人協同合作極為重要；卻因為我的庶務工作瑣碎、繁重，因此在統籌的時程上遲滯了。因著自己的延遲，我在召集團體青少年進行第一次籌備會議時已經是二〇二三年八月。因為沒有餘裕可以進行太多的勸說，我在心底自許要以「自發、自願、合作、共融」為前提來組成工作團隊。

「動之以情」的真誠喊話果然最具力量。整場籌備討論，我沒有鼓吹、推動，只說明我的初衷、目前的發想雛形，第一時間就有七位青少年自願參與。當下，我內心湧動著滿滿的情感：誰說這一代青年學子們學習動機低落？事實是，身為大人的我們是否可以去洞察、發現、發展更多的可能性。

讓我更加驚喜的是，除了目前的高中生，已經從團體畢業，即將升上大學的孩子，也有兩位主動參與。九月開學，又有四位新團生加入工作行列。十一位青少年／青年，十一雙湛亮的眼眸，讓我讀到他們自發地跨越舒適圈、踩出不一樣行動的意願。接下來，任何生活中的點滴、為了「融」而發展的行動都是極寶貴的經驗。因為，我們不只是為了策畫、參加一場展覽而看見、聽見不同的聲音；我們必須把自己原有的限制與框架都先拆卸，才能「融」合所有的聲音，呈現真正的「共融與共好」。

對話：當自學生遇見自學生

最初，是一本書，《村上春樹去見河合隼雄》吸引了我的注意。

村上春樹在與河合隼雄面對面談話時，頭腦裡感覺到逐漸放鬆的溫柔感，那讓村上深深覺得不可思議。不可思議的地方在於對話之後自己彷彿在思維中被啟發了往前的自然水路。那條水路不是河合開鑿的，是因為在對話中河合總能聽取村上話中的意思，並且自然地回應，不妨礙村上自發性的動向。因此，村上感覺到談話讓他自己發現往前的方向。

一直以來，在自學團，我們就是不斷地在與青少年對話的。村上說河合「在對話中聽取話中的意思，並且自然地回應，不妨礙自發性的動向」正是我們在與青少年對話時，深切自許的。

我進一步想，會不會青少年彼此之間能夠好好對話，助益更勝大人與師長？因為，他們航行在生命之流的同一段路程；也因為如果能讓他們攜手結伴同行，成人之旅更有力量；更因為能與同儕好好對話，生活與生命的解答也許就自然顯現。

正如同，村上去見河合的這一年，想在寫作上朝向「非小說」的形式去嘗試。

村上對著河合說：

「……我感覺到自己希望在其中能藉著聽很多人談很多事情，自己也在某種意義上獲得治癒。想要從正面面對別人所談的故事，好像參與其中似的……」

「我們的工作可以說正是這種性質的，結果，治療與被治療也是互相的。」河合回應著。

「對話」，應該是如此的──治療與被治療是互相的。那是彼此的生活經驗、個人的情感與生命體悟交流後的擴展。

於是，我想像的藝文展，就從「自學生與自學生的對話」開展；我想看看這樣的對話可以共振出什麼？我想讓每個參與其中的青少年說自己的故事，也聽別人說他們的故事。

在不斷地對話交流、往返之間，青少年能夠好好地說自己，聽他人；再藉由這些說與聽的共感、共鳴、激引、衝撞，或許能讓即將成年、剛剛成年的他們，更深入思考自己與這個世界的關係。

長大成人，對這一代的孩子而言，是更不容易的。高度競爭的社會、產業化的經濟，與多元流轉不變的資訊，造成了一整個不穩定的成長環境。我們的孩子也在這樣的不穩定中，對長大成人有更多的焦慮與不安。即使焦慮、不安，長大成人這件事，能有一群人一起慢慢走、互持鼓勵，還是極為美好的。

半年多來，青少年不斷地進行對話，來來、回回，不只是在行動上，也在精神和心理上進行思辨。

在藝文展之前，青少年說「從來不知道好好地、真實地，並且把這些對話紀錄一一寫下來，是如此重要的一件事」。在藝文展之後，青少年看起來都有些許的不一樣：他們的臉龐更亮了一些、嘴角的上揚角度多了點、眼眸更晶爍了。當然，他們對未來的焦慮不安仍舊偶爾會湧動於內心，但因為有過一群人一起走的共感、共融經驗，青少年肯定能在迷茫中找到一股支持的力量，在焦慮中找到一隅安放的空間。

林淑真
曾擔任私立高中職教師二十年
也思實驗教育計畫主持人
最高學歷：輔大非營利組織管理學位學程研究所畢

目錄

作者介紹

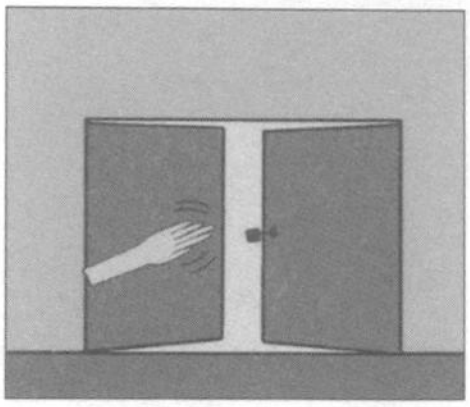

李柏瀚

從小學自學到高中，
從喜歡獨處到擁抱群體。
這裡是從自學團畢業的新鮮人，
剛剛推開大學殿堂的門。

許紫涵

從小就愛漂亮，
但是在愛漂亮的路上
總是有許多坑洞與誘惑；
異同於求學的路途中，波波折
現在也在翻牆的路上。

王翊耘

因為屬雞而畫了自己家的小雞玩偶。
喜歡幻想所以總形容自己活在夢境中。
最想做好的事情是漂亮的躍過每個生命的浪頭。

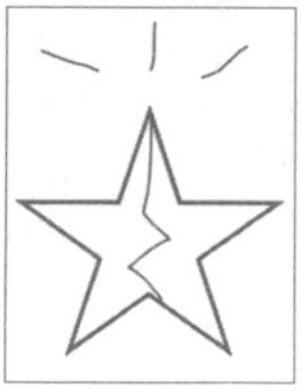

陳祉辛

被黑夜籠罩無數次卻又不斷發光的一顆星。
不斷在破碎中完整自己，
習慣照亮在夜裡迷失的心，
正在學會照顧自己。

簡暐君

熱愛浪漫，喜歡夜晚的安靜。
享受孤獨也害怕孤獨的矛盾體。
找尋著和自己和平相處的方式。

顏序翰

哈囉，我是序翰。
今年 16 歲，高二。
喜歡自己一個人待著，
除此沒有什麼特別的愛好。

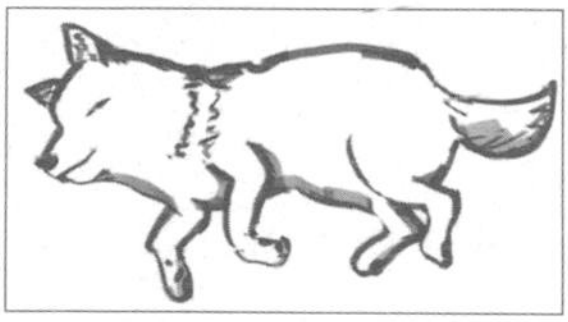

姬敏暄

喜歡畫圖、看小說、擼狗，
享受平淡的生活。
最近正恢復心情中，希望能早日重新出發。

李恩宇

自我認同是一隻大象。
憂愁準備學測，準備成年，
求心想事成，鵬程萬里。

李昱瑾

現在是常常趕早八的大學生。
因為高中自學，
還在適應新的學習模式，
也正努力探索青春的各種可能性！

周瑋萻

家裡有兩隻貓，
他們都很有自信、又軟軟的。
是我的理想型

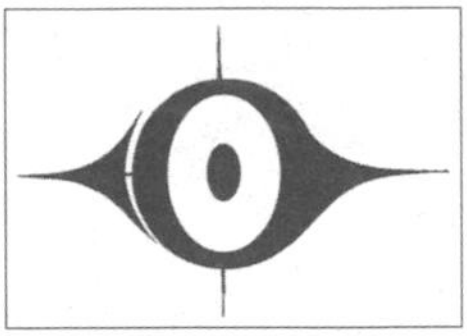

黃大維

對哲學有一些興趣，
有時有些無聊的人。

第一篇　圍牆內外

李柏翰・許紫涵・王翊耘

在圍牆內與圍牆外的經驗對話之前

這是一份三位自學生的「對話紀錄」。

原來，我們在不同的生活與學習環境中成長；有著不同的生命經驗；也各自帶著成長路上留下的傷痕與保有對未來的希望。同時，我們有著相同的、離開學校的經驗，走向自學，在同一個共學團體中遇見。然後，在青少年階段，看著大部分的同儕都會走進去的學校圍牆，我們一致地決定在滿十八歲的大學階段，再次回到學校的「牆內」。

是什麼，讓我們走到同一個自學團？又是什麼，讓我們想要重新走入學校這個學習環境？讀大學，對青少年而言，代表著什麼？

藉由三位自學生的對話，我們彼此生命經驗中的異與同、連結與共感，都能好好說清楚。因為可以好好說清楚，往前走的路，變得更具體而清晰了。

一、走向自學的契機

涵：剛進自學團時，我是把自學團當成一個跳板的，為了考學測才進自學團。至於為何選擇自學，要從我國中說起。雖然國中時期，我的成績一直保持前十名，甚至前五名。但升上高中後卻因為無法銜接課業差距，而有種「自己失敗了」的挫折感，所以產生拒學的想法。原先爸媽建議我轉學去五專。在那邊的課業雖然較為輕鬆，但也因為我是轉學生，大部分課程都是中間插班，像會計、管理學等等，就無法完全理解、流暢的運用。因此，也一樣會有挫敗感。我其實不想放棄**「學習」這條路**，因為曾經去外面打工，知道要認真讀書才會有好工作。這算是自學前的心路轉折。在那段時期，我也發現企管系不是我想要的，所以我還是認為考大學諮商心理系或者是社工系是我最想要的。當然，自學的原因，有一部分也是因為我想要自己獨立、自我實現。

耘：你剛剛有說一個蠻重要的點就是獨立嗎？你用了這個詞。

涵：以我現在這個視角來看的話，我是為了獨立去自我實現我想要的東西而自學。但其實「為何自學」這四個字讓我產生出一個很深很深的疑惑，但我卻無法琢磨出一個完整的答案。我可以時時刻刻的講出我「為何踏入自學團」、「為何會進去」，是知道原因的；但為何要自學而非繼續待在五專，那種更詳盡的細節我卻講不出來。我可能隨著心境改變而用不同的視角去看待這件事情。

柏：你覺得沒有辦法很清楚說明「為何自學」，但可以隨著心境改變而講述「為何自學」，是因為在自學的過程中，你會發現自學的好或者收穫嗎？

涵：對。而且我才加入自學團半年，才自學半年，說實在我一點獨立的感覺都沒有。不過在這個暑假，我發現我漸漸有所獨立。我會開始排讀書計畫或者運用一些自學資源。感覺這個暑假才是我真正踏入自學團的開始。**前面半年都是在消化、安放那些不舒服的感覺。**

耘：這段我很有感覺。其實我的背景跟涵非常相近。

國中的時候是讀比較中心的學校，應該說是最中心的學校，在那邊也可以保持前十名的成績。但因為我一直以來都有一個太完美的想像，所以我在八年級的時候身心就有狀況。後來也有用優免方式升上高中，但是因為在高中時我出現躁症，整個認知都下滑，沒有辦法上學。那時候，高一上學期的學分是有的，但主科通通都被當掉，變成我必須要暑假重補修把一些學分修回來、或者補考，才有可能繼續上課。當時我因為有著完美的想像，無法接受這一切。所以你說我真的有很壯烈的那種心情來自學嗎？並沒有。**這比較像是一個不得已所以來的感覺。**

柏：其實你當初並不是因為有很大的目標，或者是為了自我實現而來到自學團？

耘：對。而且剛剛涵有說前半年是在消化自我這件事情，很有趣的事情是我來自學團的時候是高一下，其實那一整年我都卡在家裡。真正進自學團上課的時候是高二的那一年。

耘：反正我覺得，總有一些時間在整理自己的……一些不舒服嗎？我覺得到現在都還是在整理啊！所以為什麼自學？自學並不是一個我很熟悉的道路，但是你自己選的路跪著都要走完嘛！所以我就走到這裡了。柏呢？

柏：為何自學要追溯到我小學二年級的時候。那時候有去校外上一些課，而那些課程基本上都不像學校體制那麼制式化，相對比較有趣。例如有的課可能會去戶外、會去古蹟，或者是有哲學思辨的國文課，就與學校比較不同。那後來是因為媽媽發現我從學校回家寫作業的時候總是提不起勁，雖然我會寫完、成績也沒有很差，但那時候只要一回家就略顯疲憊，也不太想跟別人分享上課發生的趣事。媽媽後來就問我：有自學的管道要不要試試看？我就爽快的答應了。其實也沒有什麼太大的理由，甚至只是覺得好像還不錯就去了。

二、「自學生」的身份認同

柏：我對自學的身份認同其實跟學校有關。小學四年級開始，我有每週回學校幾天，原因是我都沒有學數學，媽媽就決定讓我回學校。我最討厭的就是數學，卻要去上數學課，這也讓我更加討厭學校，成為一個循環。在那個時間我都是一個禮拜去學校幾天，跟同學沒有太多的交集。有些同學甚至會覺得「他是不是有特殊身份？」、「怎麼那麼好？為什麼可以自學？」就會嫉妒或閒言閒語的。整體來說我會對「自學生」有比較強的身份認同，更多是源自於學校的一些不友善。加上在自學中，除了數學不好外，我也沒有遇到太多的挫折。我其實會好奇你們在高中階段，對於學校到自學的身份轉換是怎麼想的？

耘：你們還記得淑真老師上次提醒我們學校圍牆的議題嗎？我現在其實是出了學校圍牆，但感覺就像是我會蹲在學校圍牆邊緣然後不知如何是好。我覺得這樣的比喻很深刻！

涵：我也覺得很深刻。

耘：就是老實說，你說我現在真的完全接受、都很認同我是個自學生嗎？我應該只有「認知」我是個自學生，但是我還是想念著體制內的日子吧。就是感覺上半身在做這件事，下半身其實是在做另一件事的感覺。

柏：那是為什麼讓你同時選擇自學但還是想要回去學校的圍牆內？

耘：這跟上一個問題有關。我選擇自學是在有點不得已的情形下，所以會覺得如果當時我可以做得更好，沒有那個不得已的話，我現在的人生會不太一樣。

柏：了解。涵呢？

涵：我列了三點關於我自己在自學生的身份認同上的看法，分為前、中、後期。前期，雖然我已經踏進去自學團，但卻還是抱持著明星高中的優越感；我會藐視任何團生，不管是跟我一樣年齡還是比我小。我會覺得我跟他們是平輩，為什麼我要對他們畢恭畢敬的？但是到了中期，我發現這個優越感有影響到我跟團生的磨合，產生了非常非常大的災難。我沒有辦法拋棄掉我之前那種高中生、那種優越感去跟他們講話。我就想要去講出來那種內心很深的想法，但其實根本不需要講出來那麼內心深刻的想法！後期，也就是現在，我依舊在找尋自己的定位。像是因為有新團生加入，我不知道我該以什麼樣子去面對他們。我應該說：哦！我是自學生啊！還是說，哦！我是半年前才加入自學團的自學生。我覺得加上「半年前」這三個字就一定有很大的不一樣。這是身份認可的問題。

柏：就剛剛聽下來，感覺你們都蠻希望能夠在身份上有一個肯定的認同的？但我自己對於身份認同這件事似乎沒有覺得很重要。

耘：想問涵，你在前面說到底要不要介紹「半年前加入的自學團團生」這件事情很糾結，這似乎對你來說是很重要的一點？

涵：我想一下要怎麼講⋯⋯我覺得要不要加「半年前」這三個字對我來說差很多。那如果再往深一點講的話，其實就算我講說我是高三生好了，我還是會忍不住、沒辦法壓抑住我心裡的想法說：哦！我原本現在應該是大一生啦！但是我因為怎麼樣怎麼樣怎麼樣⋯⋯就開始講我自己的故事，明明對方還沒有跟我很熟，然後就開始自己講我自己的故事。

柏：是因為你蠻在意你的年齡跟年級有所差別，所以才會想跟人清楚的解釋嗎？

涵：你怎麼那麼了解我！

三、自學與學校的同儕差異

耘：我想談談自學和學校的同學。

涵：我覺得在校園生活一年半之中，最大的特點是我們有社團、有學生會、有各式各樣的活動促進我們去連結。學校會促使你們認識，會把你們推擠在一起，兩個小麵糰推在一起終究會變成一個大麵糰。但是麵糰之間還是會有一些小裂縫，在扒開後還是兩個不一樣的個體，所以麵糰要一直揉、一直揉。一直揉的過程中，也會產生一些摩擦。自學團就不太一樣，因為是個人自己的造化。一個人要跑去找另外一個人，兩個麵糰要自己揉，也會知道說：哎！這個地方不可以揉、這個地方可以揉、這個地方可以融合一下、這個是底線、這個不是底線。如果是要論差異的話，我就覺得是這個。

柏：我剛剛有個問題，因為你說學校是像揉麵糰嘛！我的解讀是：學校是你剛剛講有社團，會把人推擠在一起，過程中還是有些摩擦，但是會滾得越來越密合。接著你說自學的話就要自己去磨合。但是我覺得學校裡面的磨合，應該也是要靠自己吧？

涵：應該是說，磨合都會是需要個人的努力，但是自學通常會有兩方的努力來去建構這個友誼。也因為自學的大家心思比較單純一點，所以我大致上可以知道說：這個人有沒有想跟我往來、或者是可以透過更多自發自主的工作去交流。但是我在學校時，我能說我們真的是好朋友的，就真的只有兩、三個；我還不能非常非常確定那兩、三個是不是真的也覺得我是好朋友，也許只有我單方面的認可這個友誼。那其他段友誼，沒有說他們不好，只是我覺得那都太單薄了，很容易就分裂開來。我一旦不是國立大學，他們可能就跟我斷聯。

耘：我覺得很有感的是在體制內的時候，你的朋友就差不多，成績都會是跟你相仿的，但是會發現當時的朋友其實並沒有那麼適合你自己。

柏：我覺得可以用「自學的友誼會比較緊密」來形容

嗎？因為學校當中會夾雜很多「比較」。

涵：答對！答對！

柏：好。我覺得環境真的有差，像你剛剛說自學比較單純，我覺得是真的。在學校通常會比較功利一點，會覺得誰的成績好就跟誰好；但是自學就比較不會看成績。通常一開始就是因為聊得來或有相同興趣而玩在一起，不是因為成績好。所以即便對方大學考到國立、私立之類的，我們也不會因為這樣而失去友誼。應該這樣講。

耘：我覺得自學單純很多，彼此間沒有很多小心機，遇到的同學比較為你著想，需要合作也會幫助。學校就也不是沒有那麼好的人，只是可能因為多了成績，彼此就沒有那麼靠近。

柏：有真實遇過的例子嗎？

耘：五、六年級其實有遇過，是我自己的例子。她是一個女生，做事很高調、成績很好，但會輪流排擠班上的女生。我也被排擠過。排擠方式很不上道，會在面前對你很好，但在背後講壞話。

柏：我覺得這個是不一樣層面的東西，耘的這個分享也很好，講到另一種人際互動。就是這樣聽下來，你們應該也不太算朋友，而且那個女生是對很多人都有這樣的行為，所以我覺得這種：勾心鬥角之類的，雖然不是前面涵提到的友誼之間的互動，但也算是一種同儕間的互動差異！

涵：因為我也有被霸凌過，也是在國小。我也忘記是為什麼。但我能體會就是人前人後不一樣的感覺。

柏：我覺得自學的同儕間包容度會蠻大的。其實不管是學習、課業、團體、同儕，自學的包容度相對都很大。如果不適應某個老師、某個團體，是可以直接找別的課程的。

耘：我覺得包容度是跟有沒有一個好的學習空間有關係的。還有就是自學團讓我感覺如果我們看不慣誰，就保持小小的距離，不會讓他覺得他是被這個團體遺棄的。

四、再次回到圍牆內的準備期

涵：我對再次回到圍牆內的準備期蠻有感的。雖然我還沒有到真正的那個準備期，但是如果要說準備期的話，我自己認為這個暑假就是我的一個準備期。我知道外面的人心險惡，自學團是一個同溫層、一個保護圈、一個舒適帶。我雖然可以為自己的話負責，但也可以肆無忌憚地講。可是我到大學如果這樣講話，不會有人剖析，讓我知道我為何講出這樣的話，我的內心深處在經驗什麼？我還沒有真的進入大學，但要取得「入場券」的過程中，我覺得我最需要人際互動的學習。

柏：我也覺得大學對我來說真正的準備是人際關係。

耘：怎麼辦，我也是欸！

柏：我偏內向，然後「[1]社恐」，就很怕這些。所以涵對於大學的生活、學習沒有很多擔憂嗎？

涵：我覺得不太有，因為大學其實基本上就跟五專差不多。之前上過五專了，大學氛圍其實我也算有體驗過。主要是怕人際關係的問題。因為從五專到自學團再到大學，我一直覺得我可能會有階段性適應的困擾。

柏：了解。那換耘。

耘：我前期表面上會焦慮的事情是課業。但是後期我發現我真的需要鍛煉的是內心的種種關卡。我覺得我現在就是「[2]佛系」準備課業，然後稍稍鍛煉人際。

柏：所以你現階段沒有很焦慮或害怕？

耘：其實還好。

柏：那你會有什麼期待嗎？就是準備期的方向啊！

耘：每次被問到未來的時候，我內心都有很多答案，但我都不敢說的很滿，感覺說了就要做到。我現在應該主要是看社工或是心理相關的科系吧！

柏：希望你可以！另外，我好奇的是你說原本擔心的是課業，但後期發現是比較偏向內心的一些事情。你有辦法稍微舉個例、稍微講一下你的擔心？

耘：應該說我在人際關係上面，我後來變成一個很敏感的人。加上有時候家人給我的觀念是：你要很完美。所以我變成一個很敏感的人，一直要求自己完美。我是一直在拆這個框架，但是我同時想留住自己的敏感，因為我覺得那是一種天賦。加上我以後要念社工心理相關，如果很敏感的話是可以用在工作上的。所以現在處理的事情也比較偏向這個完美的議題啦！

耘：那柏呢！你再過幾天就要進入大學生活了。

柏：我其實在國中、國小一路自學下去，在高中加入自學團以前，我從來沒有想過要讀大學。因為之前的我，覺得大學很難考，就會想：我一定讀不了任何大學吧！畢竟我沒有什麼學科上面的學習，所以我是從國小、國中就覺得自己不會讀大學。但是高中加入自學團後，稍微有比較認真的讀書跟研究上大學的機制，才發現：喔，我好像也可以去唸大學！也沒有什麼特別的目標，就是覺得好像可以去。到現在我歸納出一個去大學比較大的理由，主要還是人際關係的部分。我覺得我還需要跟人有更多的相處，可能是合作、可能是交朋友。另外，我想再回到「牆內」的原因比較籠統的是想要精進自己、想要多學一點別的東西。但主要還是與人連結的部分，這也是我比較焦慮的點。因為我比較內向、不會主動跟別人講話，所以就會擔心我會不會去新訓、或者開學第一天都沒有人來找我。

耘：可是我覺得你完全不用擔心你跟同學之間的相處啊！你是指說人家不來找你？

柏：因為我不太會主動去找別人，而我也不確定會不會有人來找我。

耘：因為我是外向性格轉化成內向性格的，我還是可以用外向性格的特質去補這一塊，所以我比較不能解答你。但我會想說，你都可以這樣跟我們聊，應該沒問題。

涵：連我這個[3]E人，我都怕不會有人來找我聊天了。

柏：對吧！就是會有這種問題。但其實也不是很大的擔憂。到時候就會想說反正一個人過也挺好的。如果沒有人來找我，那就分到有缺人的組。

耘：佛系人際互動。

柏：對，佛系。

寫在對話之後

耘：在高中自學的這場冒險中，雖然不知道故事的結局是什麼，但在圍牆外的日子總給人放鬆、愜意的感覺，而沒有結局的故事總是最引人入勝，走著、走著也為這篇故事寫下不少充滿希望的篇章。這次的對話對我而言就像中繼站，用最真實的狀態記錄下自己對圍牆內與外的種種。寫在對話之後還是那句格言「自己選的路，跪著都要走完」。

涵：透過這番對話，我終於能分享關於成為自學團生後的身份認同與心態調整：我曾困在「我曾經是明星高中的學生」很久很久，不敢向外稱自己當時的學籍是五專或自學團。帶著我曾是二八・八分的會考分數的優越感，去交朋友，去與人交流介紹自己。但這樣真的好嗎？我卡了很久。別人會不會覺得我到最後還不是沒有完成中崙高中的學籍？我卡在別人對我的看法與想像。現在的我在面對別人，與人交流時，我就會直接說我是自學生！別人不問過去，何必追問自己。總而言之現在已撕掉過去的標籤，重啟自己的高中生活。

柏：每個人會決定離開學校的圍牆，大概都有不同的原因。而我，不是因為自我實現，不是為了升學考試，只是單純覺得「不錯」而自學。這有點隨意的決定，開啟了我往後長達十年的「牆外」探尋之旅。在牆外的生活，從無知懵懂到收穫經驗、從隻身一人到學會合作、從迷惘到確信。高中三年的自學，是安放、是尋覓、是發現，讓我不再流浪。而大學生活，是奮鬥、是眺望、是擴展，更要昂首向前。是什麼？讓我們不約而同地走向自學，離開校園的圍牆？或許是因為，自學是個讓人能在這個講求「快」的時代中，稍微喘息的學習體制；或許是因為，自學是能夠廣泛探索不同領域的管道。而走向大學、走回牆內，是因為能有溝通合作所要的人際練習、有自我實現所需的養分、有更深入的課程學習。這對我們來說，是挑戰，也是擴展自我的絕佳機會。透過這次的對話，除了聽見「他者」的生命故事，更發現我們之間的相異與相同性。未來，我們將帶著在「牆外」收穫到的養分，於大學繼續這趟學習成長的旅程。

1 社交恐懼症（英語：Social anxiety disorder，亦直譯社交焦慮症）。

2 佛系是中文網路新生的流行語，約在二〇一八年左右開始比較頻繁的在中文網路跟媒體出現，在中文的語境裡大致意思是指怎麼都行、看淡一切、無欲無求的一種生活態度。

3 E人，傾向與多數人締結關係的人格類型，是中文網路流行語。這個人格分類是近年流行的性格測驗，全名為「邁爾斯—布里格斯類型指標」，簡稱「MBTI」。

第二篇　標籤

陳祉辛・簡暐君・顏序翰・姬敏暄・李恩宇

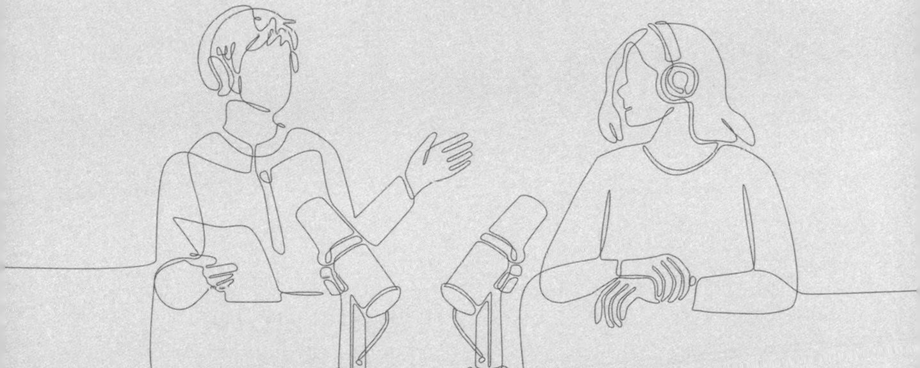

探究定義我們的那些名詞

我們處在社會之中，常常被定義成一個名詞，這些是如何在我們之間發酵、彼此傳遞、影響人我、連結感覺，這是我們想要探究的。

在個人經驗、個人想法與感受之中，希望能清晰看見由社會構築而成的我們曾擁有著怎樣的故事、怎樣的波瀾，它又給予了哪些情緒色彩？而這些情緒給我們怎麼樣的啟發、共感、理解、體諒？我們將一步一步由對話鋪設探究自我形塑的道路，也給沉浸於談話中的你不一樣的創想。

君：我不覺得標籤是一個負面的詞，我覺得它是中立的，是太多人把它負面化。

暄：我覺得這個詞彙其實是複雜的，一方面會聯想到正面意義，一方面會想到負面，共通點是它都會對我們造成巨大影響。

辛：我會想要對話標籤這個主題是因為這是一直以來對我影響很深的，不論在什麼地方我總是能感受到標籤的存在。

翰：我保持一個中立的立場，對我來說標籤的作用就是能去快速了解一個人、一件事情，但其他人會幫它賦予不同的價值。

恩：好的話會幫你貼黃色點點，不好的話會幫你貼黑色點點，但上蠟之後，都掉了。

一、我們一路以來被貼上的標籤

君：在高中以前我常被貼上的標籤是「老師的小

孩」。我應該要很乖、很優秀。在高中之後，因為我喜歡打扮、跳舞，我被貼上的標籤就是「妝很濃」或者是看起來很「會玩」之類的標籤，這讓我很困惑。我不知道我自己到底是哪一個，或是說我覺得這些標籤並不是我。

暄：你說到自己有「老師的小孩」這個標籤，它其實對你的生活造成困擾了，是嗎？也許也給你帶來一些壓力？

君：小學時，因為大家都認識我媽，所以大家都會想說：「哎！你是老師的小孩，你是不是很會讀書、很聽話……」，我覺得是一種壓力。因為這個標籤，還有同儕甚至老師們的評價，我在國小到國中階段都會認為我自己要符合很聽話、只會努力讀書這樣。只要我發現我稍微脫離了這個標籤，我就會對自己非常失望，覺得我辜負了大家對我的期望。所以高中聽到這些「以貌取人」的標籤對我來說還蠻震撼或者驚訝的，因為我不願意去接受那些跟我一直以來認知相反的標籤。

暄：我覺得標籤這個東西很大程度就是基於人們對一個詞彙的想像，而且也會有一些刻板印象包含在內。我也有類似的經驗，大概從國中開始吧，我本能的表現成守規矩的人。大部分的時間，我在師長還有同學眼中就是乖寶寶、好學生、成績好、認真、聰明的，一開始這些並不是標籤，而是單純的誇讚；但是久而久之，它們成了別人對我的既定印象，而我也認為這份「優秀」是理所當然的。最後到了有些極端的程度，不論是課業、競賽，「優秀」這個由他人和我自己所建構的標籤讓我倍感壓力。

辛：說到「優秀」其實我也挺有感觸的。從小到大或許是因為我展現出的領導力以及負責任的態度都讓長輩覺得我很優秀、比較喜歡我、賦予重任。但當做的事情變多、領導久了，我就會感到急躁、忍不住去提醒別人，常常發生爭吵。那時我不懂如何好好表達我的情緒，其實我對別人發脾氣的背後，是渴望被同理的。

恩：暄說的有部分也很貼近我的經驗。我的成長過程都是充滿標籤，不同的、各式各樣的詞彙。有一個是優秀孩子的時期，從國小到國中有幾年名列前矛。但小學時我是很調皮的，會被老師一直罵。另一個大標籤在重考班，我變得不那麼會讀書了，也變得沉默寡言，被貼上孤僻的標籤。我的個性是很多元的，我曾想要討好別人，**我以為把我自己弄成他們覺得蠻喜歡的樣子的話，他們就會喜歡我了。**我身上很多標籤都是這樣出現的，很自閉、很邊緣、是學霸、會聊天、活潑外向、內向沉穩、很瘋狂、很理智、很敷衍、很細膩，這些反義詞在我身上是同時出現。

暄：我有個問題想問你，當你的行為舉止逐漸偏離最初的標籤時，你會不會開始害怕別人的眼光呢？結合我自己的經驗，我之前也有一陣子拒學的狀況，那時候我在家就會想著：我都不來學校，已經不是旁人眼中的優秀學生了，他們會怎麼看我呢？

恩：當一個人有點像跌落神壇，不僅是在學習成績方面的神壇，在很多方面的神壇好像都回不去了。

大家開始質疑你，因為你的失敗，連同你的家人、你的親朋好友，孤立無援的心情是難以消化的。我後來隨著自己心情的喜好去轉變我現在所謂標籤定義下的個性，這會很不同，也就接納這一面的自己。

翰：這樣聽起來我感覺你們應該都是比較在意負面的標籤，會在意別人的看法。你們會想要獲得正向正面的。但是我跟你們不太一樣，我反而會比較想要獲得負面的標籤，這樣我就不會從中感受到那麼大的壓力。如果我獲得的是很聰明、很有智慧之類正面標籤，這樣子的話如果我沒有達成他們的期望，他們對我的印象會變不好；如果別人覺得我是個沒用的東西，但實際上我比他們想像中的厲害，就會成為一種肯定。

暄：我之前有聽說，你不喜歡別人提起身高很高的相關話題對吧？所以對於你而言，身高是一種過度正面且會給你壓力的標籤是嗎？

翰：這要從我小學的時候說起。小學的時候我的學校是一個比較注重體育的學校，有很多球類的比賽。老師看我是高個子，又瘦瘦的，很有優勢，就會叫我去比賽。但我本來就不是很喜歡這種激烈衝突的運動，所以這方面就不是很厲害。那時候開始懷疑自己，高個子是不是就應該很會打球、很會運動。但是我跟大家所認知的高個子不太一樣，所以我就會很討厭別人說我個子高，我會覺得很自卑，覺得我很沒用、一無是處。

君：翰覺得負面標籤對你來說不會產生那麼大的壓力。那如果當所有人都給你貼上負面標籤的話，會影響你對自己的看法嗎？會覺得我好像真的就是這麼爛之類的？

翰：對我來說其實還好。因為我並不是那麼在意別人的看法，別人覺得我是廢物就是廢物，覺得我是竹子就是竹子。因為我比其他人更清楚、更了解我自己。

辛：我覺得翰說的讓我發覺只要現在的我已經足夠了解我自己，就不會隨著別人給我貼上的標籤而被影響。別人對我的看法，並不是真正的我。這讓我對自己又有了很大的看見。

二、思考標籤領我去的地方

暄：「優秀」不只是別人給我貼上的，它也是我一直以來對自己的期許，有時候我很想擺脫它，讓壓力源就此消失，但又想著失去了它我又能是誰呢？這部分和我過往的校園生活有關。我曾經待在升學主義至上的私立學校，因為學習氛圍的緣故，習慣跟別人競爭、比較，一開始也能從中取得樂趣，所以我很喜歡各種類型的比賽或者是有排名的東西，但到了高中，無法兼顧這些事，讓我覺得身心疲憊，最後休學。**現在的我想要接受自己是任何樣子，擁有平穩的心態是我現階段最大的期望。**

君：我現在覺得，**我們應該要接受我們身上有各種不一樣的面向，而每一個面向都是我們自己。**而不是被單一的標籤禁錮住，認為我們自己本身就應該是某個樣貌。我現在想要找到的是，能夠接受自己有不一樣的標籤，能夠讓這些標籤成為自己可以拿出來展示的東西。

辛：我覺得君講的話讓我想到「認同各種面貌只不過是存在著的事實，沒有對與錯、好與壞」。隨著自己慢慢成長我逐漸發現自己擁有更多的責任感以及領導、組織、溝通能力，我也開始看見接納與包容人就是不一樣的，所以逐漸學會同理別人，就這樣長出了好好傳達事情的能力。因為自己不斷堅持自己的想法，但同時也學會了同理別人，所以希望自己能夠透過話語、文字，去傳達給我身邊每個獨特的人我想傳達給他們的東西，就是：「**尊重所有聲音，但只成為自己**」。曾經我的特質、這些標籤讓我覺得好沉重，我好不想要；但我現在接納他們，我好高興他們長在我身上，讓我成為這樣的人、讓我可以去做很多很棒的事情。

翰：其實我倒是感覺，我的身高不會給我帶來自信和自豪，它反而會讓我帶來很多負面的情緒。

晅：既然你說你不喜歡身高這個標籤，那你未來會有想給自己貼上什麼不讓自己那麼自卑的標籤嗎？

翰：我想要普通，就是不特別突出，這樣就不會被人注意到。以前他人會因為我的外表、身高和臉，給予我評價。有嘲笑、也有期待，這給我帶來了許多壓力和責任，所以我就想要是我變得跟大家都一樣，一樣普通，我是不是就不會被人們看見了？

晅：所以聽起來是不想讓人群注視自己的樣子呢，那麼你對於他人賦予標籤這個行為有什麼想法嗎？

翰：大家通常會給標籤定義正負兩面，而正向的標籤會帶給我更多的責任和壓力，如果我沒達到正面標籤應有標準，人們會對我失望；負面標籤雖然不會有壓力，相反還會降低期望，但是也會因為負面標籤而產生戒心，不敢靠近。我覺得負面、正面都是兩極的狀態，「人以群分，物以類聚」，什麼樣的人就會跟什麼樣的人聚在一起，而普通就是一種大多數的狀態，不想要被當作異類的我，當然會想要普通。

三、我們一路上為「自學」貼的標籤

暄：其實說到對於「自學生」這個標籤，或者說詞彙的了解，我可以分享一下過往的回憶。我第一次聽到自學生這個詞是在小學六年級的時候，當時我在參加科展的頒獎典禮，一般的組合都是以二到四人上臺領獎，但我看到了一個很特別的現象，某個獎項的第一名只有一個人上臺，旁人就和我說他是自學生，所以我第一個對自學生產生的想像就是：自學生一定很有想法、很厲害！在這之後，我偶爾接觸到一些媒體的報導，也都是說自學生比賽得獎、認真規劃生活、擁有特殊成就之類的，所以直到真正踏入自學團之前，我對於自學生的標籤就是「很有想法」、「很厲害」、「很積極」，我也一直以為自己是無法成為那樣的人，所以儘管在休學、復學的過程中，我也從未想過成為自學生，最終是私校輔導老師告訴我有這一條路可以選擇，我才開始認真查詢相關的資料，並且重塑我對於它的印象。離開學校的那一天，我心中一直覺得自己是一隻自由的飛鳥，所以自學生對我來說大概就是「自由」吧。

恩：那到現在呢？你對你進來這個自學團之後，你又產生怎麼樣的變化？

暄：我在準備要來自學團之前以為自學生代表的是「自由」，當我和自學團的人開始接觸之後才慢慢覺得，自學就是一個學習自主的過程，沒有人一開始就懂得如何自律。

君：好像大家都有相似的想法。我之前對於自學生除了認為是給一些在體制內升學有困難的學生一個機會以外，就是覺得自學生是否都要很自律、能規劃自己的時間。但後來我發現，根本不是這樣的。因為每個自學生的想法都不一樣，經歷也不同。每個人自學的方式也都不盡相同，所以這也算是我們給自學生這個群體貼上的標籤吧！對於我來說，自學其實還算是很陌生。因為我也沒有成為自學生很久，但最重要的是，它在我最焦慮、最擔憂的時候給我一個支撐，會讓我覺得我不是一個人，還有很多人在幫助我，跟我站在一起，給了我從體制學校脫離出來之後的歸屬感。所以我覺得這還蠻重要的，因為它讓我能夠平靜下來，不會有孤立無援的感受。因為有很多人一起。翰聽說你從小學開始就待在實驗教育，成為自學生的時間比我們都還要久，你會對這個群體或者是自學生這個標籤有另外一個看法嗎？

翰：我覺得自學生主要分為兩種，一種是「對未來有想法、知道自學該怎麼做」，另一種是「身心有了一些狀況，沒辦法待在一般體制」。我對自學的最初印象跟你們都差不多，國中有幾位實驗教育的同學因為要準備會考，就申請個人自學。因為他們，那時候我的第一印象就是「自學生肯定都是很出眾的人」，具體一點講就是對未來很有想法的人。但我發現我很難成為自己理想中的自學生，我開始覺得迷茫。

暄：感覺你不是自己所描述的兩種分類中的任何一種呢！其實有一點我挺好奇的，雖然現在仍然感到迷茫，但畢竟自學也持續一段時間了，你對「自學生」這個身份有什麼認同感嗎？

翰：自學生？認同感？雖然自學讓我有機會深入研究我感興趣的主題，還培養了我自己解決問題的能力，但是我認為「自學生」跟普通人有點搭不上邊，畢竟是少數，雖然好處很多，但是想要做個普通人的我，它真的帶給我好多壓力。

暄：的確，自學跟普通人有點背離了，那你會想要回到體制內嗎？

翰：其實某種程度可能有吧！我喜歡當個比較普通的人，自學生本來就是少數中的少數，有點特立獨行的存在，可能我本身討厭被當這種異類的感覺。

辛：我一開始會認識「自學生」是因為在國小音樂班時，我們班有兩個家境不錯的同學就是所謂的「自學生」，那時候的我就以為「自學生」是有錢人才能成為的，他們對我來說是很特別的存在。在高中我覺得我學習了很多新東西，也打開了我新的視角，但我卻發覺這些東西有帶給我一定的成長，但我以後卻不想要走這條路，同時我也漸漸的開始意識到自己隨著環境的腐敗開始去成為一些我不想成為的人。每天都覺得被壓抑、被消耗著，所以我想要離開高中，在決定休學離開成為「自學生」的時候我遭受到很多老師的反對與攻擊，他們給我貼上「叛逆」、「自以為是」、「不負責任」、「不學習」的標籤，但是我很清楚地知道我就是比其他人更負責任，我就是更想學習我自己想要的東西，所以我還是很堅決地離開了。不過，我在休學前後聽到很多長輩、老師給自學生貼上「身心障礙」、「無法正常行動」、「有問題」、「不正常」等標籤，他們不理解我一個「正常人」為何想要自學，他們也不斷的質問我是否足夠自律督促自己？我想他們給我貼上不負責任這些標籤就是因為這個擔憂。

我曾經非常想要證明我自己有那個能力去handle我自己，還有我曾以為自學生是給有錢人才能夠成為的嘛！所以我也會懷疑自己，這些東西逐漸加劇了我的自卑，差點把我壓垮。再加上我爸媽常反覆地說他們後悔讓我休學這種話。也在接收到這些反對聲音的過程中，加深了我想要「傳達很多理念給身邊沒有被同理的人」。我在想，會不會其實身邊有好多跟我相同處境的人、獨特的人他們也都渴望被同理呢？因為我在那個狀態我好渴望自己被同理。在我休學到成為自學生的這個過程中就有很多人肆意的批判我

「正常不正常」、我這樣「正確不正確」、「好或不好」。但是同時我又發現，其實這些所謂評價真的都只是被框架住、被社會定義，這些是我們人類自己解釋出來的。今天不管你做任何選擇，不論你展現出哪個面貌，你都完全有資格存在著、生長著，所以我的「傳達」的這個想法就在這個時候萌芽了，我就帶著這些進入也思。

暄：我聽完你剛才說的，我覺得我一開始對於自學生的印象，有一個表達不夠準確的內容，所以我要更正一下，自學生並不一定非常有主見，但此時此刻坐在這裡的大家，都是有很想法的。我們因為各種理由所以出現在這裡，不論是因為有壓力，或是無法繼續待在原來的環境，就是因為有想要改變現狀的動力，所以我們才會一起坐在這裡。這一點我覺得蠻重要的，這個發現也有激勵到我。

辛：我想我可以把暄講的那個解釋為我們對自己更有責任感，不論是想要普通，想要自由，或是想要傳達理念，都是我們對自己成長的期許，我們渴望能成為理想中的樣子，我們願意去覺察並且走出來表達自己。或許我們都還在找尋自我認可的路上，但我想今天我們都走出來了。

四、自學與自我

辛：因為想「傳達」，如果說在自學生活中對自己要設定一個期許，那我希望我能做到真正的包容、理解與接納。因為我剛才有提到我過去被貼上的那些標籤可能是因為我比同齡人多了一點為自己負責任的想法，但我還是必須得說因為我的人格特質導致我展現出來的那個面貌可能有點太過理性化，導致別人覺得自己沒有被同理，我現在有意識到自己這一點，所以我期許自己能夠去學習接納、理解與包容。希望在傳達自己想法的同時，也能夠讓對方感受到他們是被同理的。我也期許自己這樣子對待自己：能夠去撫摸被貼上的標籤下面不被理解而摩擦出來的傷疤。目前在自學團我感受到了自己在被接納以及平靜的感覺，我有時候對外展現太過激進也是因為從小到大生活的環境總是出現變故，讓我不得不用這個面貌來保護自己，卻也因此不曾好好感受平靜是什麼感覺。

暄：那依據你剛才說的話，我想到自學團不是有很多團體對話的機會嗎？所以你會喜歡那些對話的過程嗎？也會讓你得到平靜？

辛：我蠻喜歡這樣子團體對話過程的。雖然不可否認的，會有爭吵或是辯論，但是我覺得這樣正能讓大家去說出自己想說的、傳達自己想傳達的。在很多時候這樣的團體對話過程也能夠使我更加去看見自己可能會有什麼不一樣的樣貌，或者自己好像又接收到了新的想法，隨著這一些東西不斷的被我吸收，我會在成長過程中不斷變強大。過往有一些不斷困擾你的東西你在某一刻回頭看，你會發現他們好像已經越來越不起眼了，也就是所謂的雲淡風輕。我覺得這樣子的平靜不只是團體賦予我的，更是我自己賦予我自己的。我不斷在對話過程中學會如何整理自己，用自己的話語與文字去傳達自己想傳達的東西；同時，也去傾聽、去看見、去感受不同的聲音。

暄：一開始來自學團，我只是希望找一個休息過渡的地方，只是希望我離積極學習、競爭的感覺遠一點；聽完辛的話，我發現自學團溝通與對話的過程，是真的能慢慢讓我找回平穩的狀態呢！之前我還覺得自己像個外人，無法融入自學團；但最近當我開始投入其中時，我學習到如何從別人的生命經驗中回看自己，這對我來說真的是一個意料之外的發現。

君：我一開始來這裡的時候跟暄一樣，有點像把它當做一個逃避的地方，讓我可以遠離那些體制內讓我自己不舒服的地方。到現在我已經完全脫離之後，我現在更想要的是，把自己所有的重心跟目光都聚焦到我自己身上。我覺得我十七年來都太在意他人，無論是家人朋友還是陌生人，我太過於重視別人對我的看法，以至於我忘記看看我自己，聽我內心的想法。或許我不太願意承認，但是事實就是這樣。所以我現在想要在自學的過程中，重新塑造我自己，或是自己對自己的看法，好好聆聽心裡的聲音。這是我目前最希望的。

恩：我覺得很重要的就是，成長過程中別人看待我的，這個讓我也想到一些事情。一開始繭居，自學團讓我從繭居的狀況爬出來，所以它作為一個場所讓我重新去成為一個人。開始跟別人說話，那時的自學團對我來說，是一個不斷嘗試、去安放身心，去觀察自己的感受，允許它們出來。自學團寬容我做的每一步，這個安放身心的過程在我成人的目標上構築一個很紮實的保護，讓我可以真的在大家允許的狀況下，把自己最裡面、最脆弱的那一面好好的帶出來。我很討厭一種人，他只是一個公式，你丟什麼他就是給你什麼，永遠都這樣子。我發現有些出社會久的人就是這樣子，他們對於世界淡漠卻也理所當然。我很感謝自學團給我這樣的嘗試，慢慢把自己整理好。我不再把自學團當成一個實驗場所，而是我在的場所，所以我也嘗試，最近在嘗試，在把自學團挪出一個有我的空間，一個我跟大家共容的空間。

辛：恩剛才有提到了一點就是公事公辦的人，別人在過去因為看到我堅硬的外殼而給我貼上太過激進、太過理性、自以為是的標籤，但其實只是因為我不曾感受到有人包容、理解、接納過我，所以我一直用那個樣貌來面對外面一切。那些標籤或許是別人對我的認識，可我卻也被那些標籤緊緊的捆綁著。不過來到自學團後我發現，我那堅硬的外殼是在保護著我的浪漫、我的敏感與我的脆弱。隨著進入自學團我開始感覺到我在被安放、我在被這個環境接納的時候，我開始看見的三個詞彙，就是接納、包容與理解。同時我也認識到了：曾經的我是有多麼的破碎，背負著多麼沉重的標籤。我想要長出一個只屬於我自己的完整的自我。那一個完整的我自己在拼貼的過程中，不代表他不會有破掉的時候。你或許曾經無比破碎，但也是因為你曾經破碎過，你在安放自己、找尋自己、拼貼自己的過程中才能夠切身的發現自己能夠承載、能夠包容著更多不一樣的東西，你才能夠發覺自己現在比起以前有多麼精彩與強大，而那些東西恰巧也是豐富你的東西。

君：像恩跟暄都有提到一個，想要在自學團找到自己的腳步。我就發現我們在體制內的時候，所有人的腳步都是一樣的，但在某一刻突然跟不上別人的腳步，而且無法追趕。這是一個很大的落差，我會覺得跟不上大家就失敗了。但等我真正放棄追逐大家的時候才發現，我可以有我自己的步調，我不必跟上某個人或是某一些人。而這不代表失敗，因為沒有人規定我們應該如何走，或是要走多快。

辛：或許找到屬於我們自己的步調都是我們共有的課

題。那翰你在這個新的自學生活中對自己或對環境有什麼期待嗎？我們想聽聽看過去有過實驗教育經驗的你會不會有不同的想法與期待。

翰：我嘛，我來到這裡想脫離以前迷茫的狀態，擁有更多同儕，能多認識些不一樣的人。在上個學校，由於教育理念的關係，採用了混齡的體制，再加上學校也沒有在用心經營高中部，所以我基本沒有同儕，都是一些比我小的學弟妹，而且那邊的老師有很嚴重的偏心，壓根就是把我放養。我就有些感覺孤單，沒有人能講話，時間久了見到新人就有點社恐……。

暄：那你來到這裡應該會變好呢！我覺得自學團的大家都非常的包容，老師也十分關注每一個人的心理需求，你應該也能和同儕有更多共同話題吧？

雖然時間還沒有非常長，你覺得在這裡有發生讓自己感到開心的變化嗎？

翰：雖然這邊的同學老師都像你所說的大家都非常包容，也都會注意到每一個人，可能是我的適應能力不是很好，我總認為我還不是很融入。至少我覺得我並不孤單，我有了更多的夥伴跟我一起面對同樣的困難。

辛：很開心在我們的對話中聽到了像是感受到自己並不孤單，或者覺得自己有被陪伴的感覺，我相信我們各自的課題與那些傷害不會突然好轉，但藉由這次對話也讓我們發現大家都在各自的課題上努力著。相信在未來我們能夠為自己的人生貼上屬於自己的標籤，那是真正的、更完整的自我認同。

寫在對話之後

君：對話交流了彼此的想法，也收穫了很多建議。一開始有點迷茫不知道該做什麼，但是非常感謝大家一直在互相鼓勵著，讓我能說出自己內心的感受，不會擔心嘲笑和諷刺；在對話之中只有放鬆與理解。對話，讓我們能夠看見自己，成為自己想成為的，不受限制。

翰：我原來認為自己口條不是很好，甚至我連自己的想法都沒辦法好好地講出來。對我來說，「標籤」這個話題真的非常抽象，我沒辦法像其他組員一樣能流利的把想法說出來並去做延伸，我需要很多時間去思考，並且利用打字去彌補。

辛：提出標籤這個主題時，我是帶著些許憤怒的。我對於不被理解，即使我再怎麼努力用第三人稱視角生活，仍然使我感到憤怒與委屈。可是這次對話卻讓我看見標籤的中立本質與標籤其實也帶給我們不同面向的思考。我更是從中看見了自我認同這件事。在對話中，不只使自己成長、擁有能夠表達自己、傳達自己的舞台，更讓我們幾位新生能夠連結、互相了解，能夠快速的走入共融的環境。對話讓我們有了歸屬感。

暄：一開始我認為標籤這個詞彙帶來的影響都是負面的，但經過對話，我看見標籤在不同人的生命中所展現的多元面貌。有些標籤是他人賦予的，有些卻是自己貼上的，它代表的也不僅是一種刻板印象。某些標籤看似負面，但如果你願意以另一個角度去看待它，它也能在生命經歷中展現不一樣的價值。此外，我認為標籤也引出了另一個反面命題：「自我」。在對話的過程，我逐漸由對於自身標籤的情緒感受，拼湊出一些我對個人經歷的再次感悟，這讓我更加地了解自己，也讓我能看見「標籤」的存在意義與價值。

恩：超乎預期、超乎想像，雖然修修補補，但接近完稿的雛形。製作的過程，我又驚又喜，希望無論是誰，讀完這些文字，都能對我們印象深刻，因為這份心血值得被好好對待。

第三篇　青春這件事

李昱瑾・周瑋著・黃大維

我們都曾在青春的十字路口徘徊

對於青春，我們總有許多想像。在教室內的木桌椅與黑板一成不變的組合中，我們還是可以譜出一曲在校園悄悄萌芽的青澀戀曲，還能展演青少年之間彼此才懂得的言行默契。「青春」的亮眼之處，常在偶像劇中一覽無遺；我們對「青春」的憧憬被包裝成一個個夢幻逸品——然後，這個階段的迷惘、焦慮與混亂常常只是輕輕在大人的口中被提醒，卻沒有人真正、好好地與我們談談那些在意識與潛意識深海湧動起伏的思緒，應該如何被安置？

我們正經歷著青春的喜與憂，我們希望藉由對話，探尋青春的真實面。我們的對話記錄了邁向「成年」的忐忑、追求「自由」的渴盼之情，也想更細一點去討論青少年的金錢觀，以及在人我關係中的認同議題。我們把這一個篇章命名為「青春這件事」，我們想像著如同對待一件生活中的重要事件一般，透過我們的對話、討論、互相剖析與梳理，我們可以作伴著，邁向成人。

一、談成年與未來圖像

維：「青春」這個時期我的記憶相當混亂，因為沒有什麼重大的事件，所以我對它的感想都是抽象的思考與感受；至少大部分時間裡我最常感受到的就是焦慮和迷茫，常常覺得現在的生活只是為了未來而準備。

著：你說最常有的感受就是焦慮跟迷茫，是像要去工作賺錢這類的對未來的焦慮嗎？

維：對啊！有這部分。但我覺得更廣的是我連自己十八歲要出去賺錢，還是要去考大學都有點拿捏不定。

著：我覺得要討論青春這件事，我就最有感覺。別人想的可能是國中考高中、高中考大學要進哪一所、或是進去後有比較好的資源。但是我想的都是，我讀的這個學校能帶給我什麼以後在工作上會用到的東西？我都是以我的生存焦慮為起點去思考下一步要做的事情。變成說我不太能去跟同齡人或是學生共感他們在思考的點。我有時候也會覺得自己是不是太杞人憂天。我覺得十六到十八歲，甚至到二十二歲都是個關鍵時期。什麼時候要去工作、什麼時候去實習，都是很自由的選擇，所以不知道要幹嘛是很正常的事情。我想到「躺平族」，最近也越來越多人選擇「躺平」這樣的方式，未來不一定要讀科技或當醫生。

維：我反而會想：「難道我的生活就是為了生存嗎？」這樣的生活我會感覺非常虛無啊！我為了生存而生存有什麼意義？我如此痛苦又有何用？我覺得有時候是我該往哪邊走？接下來如何生活？未來生活的型態會長什麼樣子？到最後就是那我這樣生活有什麼意義？我覺得只以這個階段為考慮很片面。人生這麼長，難道現在就定生死嗎？難道現在拚完了，一切都結束了？對我來說當然沒有啊！所以我還要為二十年後，甚至三十年後做考量。

萫：我最近看網絡上有個名稱叫做 YOLO 族。他們還是保有自己的存款和能力，但是不會太執著於一定要存到幾千萬、買個房子之類的。他們比較著重在懂得怎麼花錢、花得快樂。就等於說是一邊賺、一邊享受，而不是定了一個很大的目標，然後可能接下來十幾年都朝著這個目標去走。看到這個詞就覺得我理解我的人生的方式，跟理解這個世界帶給我價值的方式，就是類似這樣的心態。不然我會覺得很辛苦、很累。上動畫課的時候我會想說，做這個工作可以做四十幾年都還是很有熱誠嗎？我到時候如果做到一個盡頭——其實也不知道什麼是盡頭、不知道什麼時機我應該要辭職走人；到時候我要做什麼？這讓我有一種很空虛的感覺。我就問我動畫老師，他入行的時候有沒有想說這個工作可能做到一個盡頭就沒了、會不會有那個焦慮感。他就說入行從來沒想過這個問題，就是先做了再說。

維：我覺得可以分兩個方向來談。一個是要往哪邊走的問題，另外一個就是在這個狀態下你好像不得不走。

著：因為我覺得這個你之前跟我提到，大家把夢想這個詞「神化」，「神化」是因為大家必須要有這種美好的寄託或想像才活得下去。沒有夢想這一詞的人好像就失去明亮，必須活在谷底一樣。我覺得這也是被其他人塑造的，然後他們也相信自己是這樣子。人可以一邊工作，一邊享受生活，這是我對我自己人生的一個理解。就是我只能把重點抓在感受那個當下，感受賦予我的感官之類的東西。

瑾：你剛剛說現在為了某個目標努力，但是怕未來，比如說四五十歲突然想要轉換跑道的時候，如果有個空窗或什麼樣的事情，會怕那個空虛感。我覺得你現在本來就沒有辦法預測到四、五十歲會想要往哪個方向走、要用什麼方式面對。以我來說，現在沒有辦法預想，就到時候再想。我比較想知道你為什麼會想到四、五十歲可能會要轉換跑道，然後怕自己沒有事做？

著：可能我本來就比較焦慮未來的東西。我習慣要先鋪好。這就跟我一直覺得自己完美主義有關吧。我覺得就算熱愛旅行也不可能旅行一輩子。所以我也不確定我能不能真的保持那種我熱愛這件事情並且我能夠做一輩子的想法。我對這個不是很有自信。

瑾：我覺得這可能是我們在做的事情不一樣的關係欸。像你是指動畫嗎？比如說畫到四、五十歲，然後你突然不想畫了之類的。

若：那時候上動畫課的時候會有這種想法。我就算現在這麼喜歡動畫，我沒有辦法保證二十年後、三十年後一定會喜歡。

瑾：我是這樣想。我現在上大學，雖然是有設定一個領域去讀的，但是也沒有說以後的工作一定會是同一個領域，也沒有確定就是哪個職業。所以我覺得其實這樣的焦慮感應該是你比較想要一個確定的方向。如果你怕的是四、五十歲後不知道要做什麼？我覺得事情找了就有得做了啊！所以你是怕沒工作還是沒事做啊？

若：都是吧！我覺得隨著我做的事情越來越多，一定會再有不同的分支。可能又會找到我想要做的事，那都是在過程中挖掘出來的。但就是會無緣由的開始擔心這個問題。

二、談獨立與行動力

瑾：我之前找了日式料理店的兼職。雖然從來沒有預想過那會是輕鬆的。但開始打工後才發現，一直以來認為自己還算社會化的我，面對職場真的是百分之百的菜鳥。每次要上班前，我都會覺得人生很難，生活很累。像是上班不知道又會遇到幾個「奧客」、會不會不小心手賤按錯 pos 機。但通常在下班後這些感受取而代之的就是「充實感」。因為這會讓我感覺自己有在行動，而不是待在家耍廢，被停滯不前的焦慮感侵蝕。

維：你說感覺自己有在行動的部分，是有點在抵禦你說的那種成長的焦慮感嗎？

瑾：對。因為它跟以前的生活經驗都不一樣，所以就比較有我的生命階段在轉換的感覺。

維：十八歲聽起來是只要認同我有在行動，或我的行動符合所謂社會上的功利價值的話，那種緊張或困惑的感覺好像就可以得到消解。

瑾：我覺得這因人而異欸。莙之前也有在打工吧！可是她會對之後要賺錢這件事有焦慮啊！

維：我蠻好奇那個差異的來源是什麼。聽起來你們有同質的，也有異質的。你們之間背景的差異在哪？因為莙的家庭教育有一種，她好像到十八歲就必須在經濟上為自己負起全責。你有這樣的經驗，或者你經驗到的東西有什麼不同嗎？

瑾：我們家沒有十八歲就要完全經濟獨立的壓力。但是像我打工有薪水啊！就算不多，花錢的時候都還是會覺得比較有底氣。

維：是我有個底氣是「我有賺錢的這個能力」？

瑾：這應該也有。我之前沒有固定的零用錢，我媽就常問我還有沒有錢。然後因為她會主動給我，我不太需要開口要。就是我對於要開口說「我沒有錢了」是會覺得尷尬的，所以有微薄的薪水讓我手中可以運用的資金變多了，不用在手邊真的沒錢的時候開口要，我可以先挪用一下我的薪水。

維：那打工是你家人推薦你去體驗看看，還是你覺得說我年紀到了好像可以出去闖闖？

瑾：我一直都對打工有一個憧憬。我知道它是辛苦的事，但是我就覺得這是青春這個階段不能少的體驗，所以我蠻期待的。但真正要面對就是真的要去找打工的時候又會有個心態是，能拖一下就拖一下。沒有人叫我一定要趕快去工作啦！但有時候我媽會催一下。就是說「啊！你不是說要找打工」之類的。這個也會變成壓力。因為我覺得我要找，可是我又在拖，所以我就有一個隱微的罪惡感。這類的話會讓我覺得大家都在提醒我要長大。

維：我覺得是一種我需要讓他人或讓自己感覺「我有在行動」，就是其實好像不是一定要達成什麼，但是要有一個身份是我現在有在前進的。這個身份認同是「我是一個有在做事的人」。那我就很好奇著剛剛說的，你家真的有人明確地和你說十八歲要養活自己？還是他只是希望你有在以這個為目標而已。

莙：我媽一直跟我說她只要我健康就好了。可是我知道她上面還有一個爸爸。我爸就是一家之主的感覺。我媽以前就常常跟我說「我要經濟獨立」、「我要經濟獨立」，她覺得自己活在爸爸的控制下，所以她就會希望我不要靠別人。

維：我覺得有點像放大版的瑾的狀態。聽起來某些方面還是想要掙脫束縛、想要一個自己能掌握的能力和空間。

莙：我覺得經濟狀況是小康的家庭會有這樣子的問題。「知道自己背後有父母可以靠」會像雙面刃，因為那也代表權力都在父母身上。而且加上我們家又比較傳統，雙面刃的缺點就放大了。

維：雖然我知道很難，但你和你爸有談過類似的問題嗎？因為感覺只有他在對你說他的感受和他想要的東西，你對他幾乎沒有表達。

菪：國中的時候有。因為我爸他是老闆，所以他會很用力對員工講話。連對媽媽都很用力。如果我沒有走他希望的路，他就會覺得被虧欠。所以高中的時候，我聽他講對我未來的意見，我就會聽著但不會回什麼。我覺得我們家的走向完全是跟爸爸背離的，但好像又在爸爸的掌控底下。

維：這樣聽起來你的想法大部分都來自你父親比較多啊！不是說完全同意他的行為，就是他對你的影響大過其他的人。

菪：我覺得不能說大過其他人，因為媽媽比較不會表達自己的想法。所以對我的影響不是說媽媽是A

爸爸是B，他們對我的影響感覺都是有的，只是爸爸在上頭的感覺。

維：那我好像可以理解你那種十八歲要獨立的心情。我覺得那一部分來自你爸的觀念，是希望小孩以後能報答他。對他來說是一種投資熱情。但我也可以理解你的想法。我認為是，其實你也希望自己得到一種力量，是可以擺脫他，然後去追求自己想要的東西。我好像可以懂你的那一種偏執化，就是「必須達到如此」的那種強烈的緊張感。

著：之前我就覺得，從國中備考術科開始，我就一直在自欺欺人的畫；我是為了做一個表面功夫，然後我覺得畫起來很厲害、很帥、畫大畫布很酷。我想證明給爸爸看「我拿著你的學費學畫畫，我是真的有學習到」的這件事。但是我覺得幸運的是，最近重新拿起畫筆，我又意識到這件事。然後我找回一開始學畫畫的那種好奇心，還有單純就是想學習畫畫的樂趣。所以原本想考台藝大，我現在就陷入混亂，台藝大真的是我想要的嗎？我還是想學到台藝大可以教我的東西，所以我一開始確實是為了自己沒錯，只是之後找回初心是更原始的那種單純畫畫的快樂。

維：聽起來是你有重新找回那個目的？還是更抽象一點講，現在這個尋找目的的階段，也包含在「我有在行動」的模式裡，然後可以讓你可以覺得自己有在前進？

萱：我確實有在思考這個問題。講直白一點，如果沒有考上藝術大學的話會怎麼樣呢？我不能就只是單純的學藝術就好嗎？雖然我在備考台藝大這段時間累積的也是有意義，是不會白費的，但是我就沒有機會在這學校學習了。然後另一頭拉扯就是，去畫室學習不用看你有沒有資格啊！任何人都可以去畫室學習，那我不可以單純就去畫室學習我喜歡的藝術就好，一定要跟別人一樣是為了備考才去嗎？這些想法正在拉扯。

維：在我聽起來感覺是你除了考大學以外好像不知道下一步該怎麼走。我在思考你是害怕「我在前進」的這個狀態消失嗎？

萻：我很害怕沒有方向性。我一定要有一個方向告訴我應該要怎麼走，因為就像我說的，我還是會在意別人說十八歲就一定要有什麼的，我很在意這種事情，所以我確實會害怕停滯。「擔心停滯」

通常是我很害怕我沒有辦法完成那個目的；我一定要先找到動力才開始衝。我會想如果現在沒有考大學，是為了找工作要用的作品集，所以就待在家裡，那爸爸會說什麼。我常想這樣子的問題，所以我覺得逼著自己前進的背後原因，就是我覺得不能躺平。

維：我覺得現在不只是需要一個認同自己「我有在前進」的狀態，需要一個連他人都認同的、較為功利的「往前進」的樣態；這好像才能抵禦成長的焦慮。

三、談金錢觀與自我認同

若：你們覺得我大部分的焦慮有很大一部分是因為在

意別人的想法嗎？不只是我，現在很多人的焦慮好像是因為自己，可是其實是在意別人的想法。

瑾：我覺得多少吧！就像很多女生她們很會打扮，可能就有人會說「啊你為什麼要穿得那麼漂亮？」但其實他們就只是覺得打扮成自己喜歡的樣子是開心的；當然也有可能會獲得別人的稱讚這點啦，畢竟可以從中獲得自我認同啊！

萻：網路上很多影片都說不要在意別人的看法。但是我覺得現在這個年紀，就是還在建構自己人格的階段，感覺我們很需要別人對我們的看見跟認同才能構成自我吧！像上次我說想要經營自媒體，所以需要別人看到我——這樣子怎麼可能不在乎別人想法活下去？

維：我覺得這是一個很有趣的現象。那個「他者」從頭到尾好像都不是實體的，反而像我們自己創造的。這樣聽起來是我們越逃避「他者」，「他」就越具象化；對他的否定，聽起來變成是強化了他的存在。

瑾：這讓我想到，莙剛剛提到出國，一定免不了用到家裡的資源。於是妳就會想像應該要有某種學習上的成就，才能夠減低拿資源的虧欠？

莙：我覺得除了想出國留學的價值對我來說是要什麼，還要想我可以帶什麼價值給家人，證明我出國留學是對的。

維：我覺得就是我們好像必須在一種世俗認定的「有行動」的時刻才可以免於焦慮。花錢好像必須花在有一個世俗意義上之類的。

莙：我覺得那比較像自己的罪惡感吧。可能有「我現在已經是個十七、八歲的人了，所以我必須對這些東西有認知、能負責」這類的想法。

瑾：維可以說一下你的金錢觀嗎？

維：我覺得這種東西大部分是「家庭的傳統」。從我阿公那一輩到我爸那一輩，他們的觀念就是死命的存錢、死命的省錢就對了。我的生活習慣很大部分也是盡可能的越省越好。除了有時候會想買遊戲和動畫的周邊，通常買的都是用的到的東西。

瑾：那你覺得你能省則省，是因為你本來就是蠻理性的人，所以會去分析這個東西是不是必要嗎？還是只是受到上一輩的影響。

維：以前父輩的習慣對我影響很大。但我覺得你說的那個理性反而是一種補充；至少我現在大概知道有些錢終究還是得花，目前的制度和市場其實就是一直逼你花錢。所以我覺得那種理性有時候反而是補充的作用。我真的覺得以前有點偏執，對錢的看法好像錢變成目的，然後花錢是一種罪惡。但現在對我來說，錢的目的就是為了使用的。

瑾：我蠻好奇就是因為你自己住外面，你會覺得因為是花父母的錢，所以不太敢花或是有罪惡感嗎？

維：我覺得罪惡感不至於。確實會覺得我有責任把這些資源妥善的使用，因為他們願意讓我自己出來住就是信任我不會把這筆錢亂花，但罪惡感不會這麼嚴重是因為我知道我媽花錢絕對比我兇。

瑾：跟我的想法有點像欸。比如說我花了這個錢，然後要達到某個程度的成果才會覺得花這個錢是有意義的嗎？然後解法就是你這種「妥善使用」的概念。只要妥善使用，不一定要達到什麼成就之類的。

維：我覺得會有「這筆錢不能算是我的」就是這筆錢有它的使用目的，不是百分百是我的錢。如果有的東西是我自己想要，我就會用我自己存的錢。

萿：我覺得用自己的錢其實就比較不會有罪惡感，但可能會焦慮。因為現在還沒找到穩定工作的時候，用僅剩的存款花錢就會比較焦慮。

瑾：我開始打工之後有自己的錢了嘛，所以那些不是特別必要的東西就會用自己的錢買，比較沒有我虧欠了父母的感覺，但就像萿說的，同時要感受自己賺的錢流失的焦慮感。

萿：目前我就是還沒有辦法找到我想要的工作，所以就會對金錢蠻焦慮的。

瑾：我覺得這可以連接到你上次說的，你會想自己十年後在做什麼、有什麼樣的工作之類的。因為我比較不是計劃未來型的人。像很多人會問我大學畢業後要做什麼工作。我當然可以舉很多我們系未來出路的例子，但是我的未來工作真的會和那些有相關嗎？其實我不確定，所以他們問的時候我都會說還不知道，因為我自己也沒有一個很明確的方向。

維：我的理性上當然會覺得一定要有個計畫，做事的成功機率比較高。但有時候計畫太多就會陷入某種遮蔽；好像變成我只有一個可能性。然後另一方面是像你說的，我覺得計畫要有某種偏執，我的理性讓我很難形成那種偏執去計畫未來。

瑾：那若你會計畫這些是不是因為你對未來有很多想像啊？

若：因為我只要一想到我現在在做什麼、我為什麼這麼做，如果我沒有辦法給出一個自己滿意的答案我就會覺得焦慮。為了解決這個焦慮，我就必須一直去想以後的事情。

瑾：你是很常會覺得自己停滯不前嗎？因為我感覺如果你認可自己是有在行動的話，就比較不會覺得現在做的每一件事情都要為了未來的某個時間點做準備。就是對於未來的發展不會是那麼必須要有關聯，或者是對未來一定有意義的。

若：我覺得如果沒有了方向，做事的時候就很容易對現在的行動沒有自信。會怕我現在做這麼多是不是都是白費的；甚至是我以為自己有了行動，可是其實我只是在原地踏步。

維：我一直沒有聽到那個焦慮的來源是哪裡欸？

菪：就生存焦慮吧！會覺得想要盡量在年輕的時候就有什麼成就。像我國二的時候，就是很容易撕掉自己的畫的人。比如說我畫到一半大概知道這張畫從一開始就不是我滿意的，我就會直接丟掉，然後重新再畫一張。但最近就還好了啦！

瑾：所以就連畫畫這件你很喜歡的事情，你都會對於一個「好的作品」應該是什麼樣子有一個標準嗎？

菪：是吧！像我嘗試辦過很多次「繪帳」，但之後我都會把帳號刪掉。因為只要沒有人關注或者沒有人按讚，我就覺得這帳號可能就這樣了。我很常堅持不下去就直接砍掉，然後花很久的時間才能重練。

瑾：你的那些「希望自己可以達到的成就」好像受到社會大眾，或者是社會既定印象的影響。就是「做這件事情會不會被認可」對你來說很重要。那我覺得跟花錢也蠻有關的，就是你會確認用了父母的資源後，自己的成果是不是可以被他們認可。聽起來每件事情都跟「認同」有關。

若：我覺得我跟我爸也是這樣子，就是我沒辦法像一些人一樣，只有要錢的時候才跟我爸講話。我對我爸會有很深的罪惡感，然後我會覺得，我知道我爸想要我走什麼樣的路。所以如果我選擇走我自己想要的路，就會對我爸有很強烈的負疚感。我希望看到我爸開心或是得到我爸認同吧！

寫在對話之後

維：如果重新審視這場對話，我發覺雖然我們的話題放在青春，但其中似乎有一條隱藏的暗線是「他者」與自我之間的掙扎——就某些方面來說那也是一種認同的掙扎，他者是如何看待我的？這個他者有時是個抽象意義上的大家、別人，有時又好像是個實在的家人、父親，但這些似乎只是表象。談話之中，我發現他者好像源自我們自己。當我們越去試著掙脫，他的影響似乎也變得更大；這一切的濫觴似乎就來自於我們與他者的關係。一方面需要他者的認同和肯定，另一方面我們試圖擺脫他，進而獲得一種自我的自由。這似乎就是成長中，大部分焦慮和不安的源頭。只能說跟薩特的「他者即地獄」有幾分相似。

瑾：我覺得「青春」是讓人憧憬、擁有無限可能性的詞彙。邁向成人，我們享受著自由，也得擔起更多責任。對話中談論的所有議題，都是這個階段我們正經驗的歷程。金錢疊加美好的外在形象、看似被推著自我成長——這些都是一脈相承的；因為我們希望被他人認可，並藉由這些認同，填補內心的焦慮、忐忑、不自信。經過這幾次對話，我想重新詮釋青春——儘管它不完全是偶像劇般的粉色，但走在這條找尋自我認同的路上，只要明晰自己的狀態並願意調整想法與行動，它仍可以繽紛絢爛。

著：我以前常常不覺得社會人士所謂的莫忘初衷有多重要，我也不覺得我會遇到，因為畫畫就是畫畫啊。直到我最近才憶起幼稚園拿到我第一個蠟筆隨心所欲的畫下來被誇獎的時候，我才知道原來我對畫畫這件事的心態早就變質了。

沒有那麼自由跟隨心所欲，多了很多目的跟要求，只要我達不到標準，就會放棄乾脆不要畫。慢慢的，我對畫畫這件事變得歇斯底里，我只要看到或是要我畫，我就害怕。我已經很久沒有單純想畫就不假思索去畫的感覺，於是我順著這條去找原因，我忽然就覺得我們可能從更小開始就被暗示之後的出路或未來該怎麼做。很早很早我們就已經肩上背負了很多期待，常常還沒有跨出去第一步就累死了，背太久了。如果不去釐清，期待很常無法化為動力，很多情況下反而是種框架，壓抑了我們原本有的動力。有時候不去思考就是最好的思考，我現在只想去抓起心動念的瞬間，最珍貴純粹的熱情，然後 do it。

【跋一】

真誠對話，記錄青春

郭瑤萍（社團法人台灣也思服務學習協會創辦人暨秘書長）

記得在「融」藝文展發表的現場，我因為疼惜曾經受傷的孩子們，竟能認真賣力的完成分享的任務，欣慰地相信他們已經擁有面對挑戰的勇氣，情不自禁地為他們流下感動的眼淚。

如今，再細讀《當自學生遇見自學生——對話：那些療癒與成長的故事》，每一字句都是透過自學生彼此的對話，真實陳述內心的感受、擔憂與矛盾：在意別人怎麼看待自己，擔心同儕間的人際關係，以及對未來不確定感，導致情緒困擾、壓力和心理健康問題。雖心疼，但也感嘆這就是青春的痕跡啊！

回想自己的青少年時期，也是日常渾渾噩噩、課業迷迷糊糊、心情鬱鬱寡歡。對我而言，當時的人生色彩不是灰色就是黑色。直到我進入護專，投入團體住宿生活，積極參加校園社團，包括合唱團、吉他社、還與同學組熱門樂團，擴大了視野與想像力。我在同儕互動間找到了歸屬感，變得自信、開朗，樂意與人交流。同時，發現自己具有影響力的特質，我開始思考未來要成為怎樣的大人。

當年我因參與社團活動，支撐起脆弱的自己。相對於現今訊息技術高度發展的實驗教育自學生們而言，手機和社交媒體普及，改變了人與人互動的方式，更彰顯出青少年的徬徨無助。他們的確需要一個安全、自由的對話空間。真誠對話包含澄清、溝通與同理，可以提升相互的尊重與包容，穩定人與人的連結，建立信任關係。

除了對話，還需要行動。過往，我承擔社團幹部讓別人看見自己，成就自己。反觀現在社團活動對於青少年已經失去吸引力，難以激發參與動力，那麼，學生都去那兒了？

根據勞動部公布數據顯示，二〇二三年，十九歲人口中有百分之三十七已在打工或正在尋找機會，打工青少年增加了二十五萬人。其實，打工可以提供實際工作和生活經驗的機會，提高作效率與學團隊協作，建立廣泛的社交圈，還能探索青少年未來職涯發展，遠比校園社團更能滿足青少年成長歷程。打工儼然成為當今青少年展現獨立自主的象徵之一。

雖然四十年前和當今的青少年同樣都須經歷轉大人的洗鍊，就像破繭前的蝴蝶，必須在蛹中痛苦掙扎，直到翅膀變強壯，才能飛翔。然而，本書作者——十一位自學生卻能以深度反思的對話方式，激發出自我覺察的能力，這是四十年前的我所辦不到的。相信他們將因這次的歷程記錄，讓未來的生命經驗更為深刻，如破繭成蝶，自由飛翔。

郭瑤萍（Anita）

社團法人台灣也思服務學習協會創辦人暨秘書長

最高學歷：臺師大公民教育與活動領導研究所畢

輔大非營利組織管理學位學程研究所畢

【跋二】

引導青少年，去「愛」

林淑真（也思實驗教育計畫主持人）

《當教育會傷人》的幾場新書座談會，我說了幾次自己是極愛著青少年的。話語一出，我才知悉何以在與青少年同行的這條路上，我從未倦怠；因為，我是愛著的。

原來，能去「愛」是如此重要的一件事。

青少年是從童年走向成人必經的歷程。在心智上從單純認知漸漸走向複雜的思考模式；在情感上從依賴父母漸漸想要脫離父母，對同儕團體的情感需求相對提高。雖然對同儕有情感上的需求，但青少年總是年輕氣盛地服從於自我的意志，很難真正地關注他人。會有這樣的困難，常常是因為青少年總是執泥於眼前的現況或困難，對擴展生活與生命產生一股阻抗的力量。

因此，要引導青少年去「愛」、去擴展生活、去累積生命經驗，就應該讓他們不再只著眼於自己，不再被當前的困境囿限；讓他們去看見他人，去與他者對話。

這本集子是由十一位青少年的對話語錄集結而成。內文分為三篇：「圍牆內外」、「標籤」、「青春這件事」。

十一位青少年透過彼此來來回回地對話與梳理，析辨出不同教育形式帶來的經驗、記憶、傷痛、收穫與成長；敘說並共感著在不同團體中的關係互動與氛圍。他們探究每個人處在社會中，被定義成的名詞；他們反思「標籤」不代表負面，可以是中立的，只要自己能賦予其屬於自我的意義與價值。他們都走在青春的十字路口，同感迷惘、焦慮與混亂，在徘徊中遇見彼此；在對話中訴說、聆聽、相互剖析，並互相砥礪——可以作伴著，邁向成人。

「對話」，作為一種社會行動，以自我的生命經驗為入口，探向他者。在對話中，原本那些生命中難以言說的失落與傷痛，都可以自然地流淌出來。

「對話」，可以共感與療癒；可以透過他者的生命經驗更深地理解自己。當他者與自我的經驗共振，我們就能夠把這些經驗重新放置回歷史與社會脈絡中，產生對自我生命的轉化作用。我們就能夠練習以不同的視角看待與理解事件，這會擴大自我的視框。

半年多來，陪著一群青少年透過對話，整理、反思自己的生命經驗、情感體悟。我側耳聽著青少年不再只是片面地訴說自己的欲望或痛苦；我觀察著青少年可以在不同的生命軸向之中，重新理解自我的生命經驗，從只有自我的視角移動到進入人我關係的自己；我感動著青少年能從關照自己走向關照他者。

引導青少年去「愛」這件事，已然發生。

林淑真

曾擔任私立高中職教師二十年

也思實驗教育計畫主持人

最高學歷：輔大非營利組織管理學位學程研究所畢

【跋三】

那些，終能開口說出的故事

李冠頤（也思實驗教育輔導專員）

這群自學生，因著各自不同的生命境遇，從體制教育築成的校園圍牆走出，走入自學這條人跡罕至的小徑。小徑在地圖上的標記還很小，沿途也沒有明顯的路標，僅能以既有教育路徑為參照，或靠著前人走過來時的路上留下的記號作為指引，摸索前行。

記得兩年前，我和他們中的一些人，想拍一支能說說自己自學經驗的紀錄短片，一些當時的對話，至今我仍印象深刻。

她說：「看著那些上體制高中職的國中同學們的校園生活，有時候我也會懷疑自己選擇自學這條路是不是對的。」

他說：「當我在平常日的上課時間，穿著便服在公車上，總會有路人好奇的問我為什麼不用上學。我說自己是自學生，大部分的人不太明白，有時候我會耐心解釋，有時候解釋時遇到困難也就不說了。」

當「自學是什麼？」這個問題沒有一個眾人共同理解的答案時，好像也只能試著以「自學與體制教育有什麼異同」來回答這個問題。不論是面對他人的提問，或者是對自己的探問。那麼，「自學是什麼？」能不能有自己的答案呢？

有幸，這群自學生們在這條求學的路上，能以自學團體做為容器彼此相伴同行，以類近的求學經驗編織成一張能夠乘載彼此生命故事的網。在你聽、我說，我問、你答中，在一個「能聽懂」這些故事的人面前，讓那些穿梭在圍牆內外，被貼上各種標籤，思量著青春這件事的過往經驗能夠譜寫成一個個深刻的故事；也讓一起踏過的這條小徑更加清晰，並在教育的地圖上，為名為「自學」的那條路徑，刻畫上更深刻的痕跡。

「自學是什麼？」的答案，或許能從在《當自學生遇見自學生——對話：那些療癒與成長的故事》的這一畝三分地裡，所挖掘出土的求學故事碎片中拼湊出的輪廓尋得一些蹤影。唯有自學的路徑在世人的眼中逐漸清晰，更多自學的經驗才能夠更加立體的出現在教育的視野當中。

我想，若能當著眾人的面，說著那些終能開口說出的故事，那勢必是真的有話想說吧！

李冠頤
也思實驗教育輔導專員
最高學歷：輔仁大學心理學系

【跋四】

對話，是有情的接納

游賀凱（也思實驗教育輔導專員）

自學生從學校體制教育離開，也離開主流的標準；多少帶著徬徨與不安。進入自學團後，在開放與包容的自由空間中，得到個別的接納，這些接納正是自學生來到這裡的需要。

自我被接納的空間是感覺安全的開始，而下一步便是建構新的「身份認同」，讓自學生得以安置自身，這種安置不再回到單一的標準，而是透過回觀這個離開學校與進入自學團的過程，看見自己的身心變化。

自學生歷經疲憊與失落之下的轉入歇息之處，要在對話中承認彼此的脆弱，不是一種易於敞開的經驗。布芮尼・布朗（Brené Brown）博士在《脆弱的力量》一書中所強調的，「脆弱」是人的本質，也是創造力和情感的核心。將脆弱的一面真實展現，是面對自己的恐懼，也是提升自我於人際、情感、求學能量的可能。

自學生們對話的歷程，也是逐步建構自我的過程，而自我向來是存在社會之中的，社會中不免存在著簡化後的語言，如同第二篇中自學生們所對話的「標籤」。我們習於以某些標籤定義他人或自己，如今，建構自我的過程正是關於身上標籤的辨識取捨。當標籤帶有榮光，或許樂於接受；而標籤若帶有貶抑之意，則意欲去除。自學生透過對話，不僅止於隨著社會評價的高低來看待標籤，而是反思標籤是誰貼在自己身上的，自己可不可以不買單。甚至，自學生君是這麼說的：

「我現在覺得，我們應該要接受我們身上有各種不一樣的面向，而每一個面向都是我們自己。……我現在想要找到的是，能夠接受自己有不一樣的標籤，能夠讓這些標籤成為自己可以拿出來展示的東西。」

我以為，這就是對話的意義。讓思考可以有不同的層次，一如，自學生離開主流的體制教育不是對錯、好壞的問題，而是面對個人真實需求的層次。

於是，如此豐富的對話土壤中，自學生們迎接著未來的無限可能，便不再只是討論分數與熱門校系，他們的思考已然關於職業、生存的焦慮、家庭中的文化與期待，同時不忘自己的身心狀態，還有之於家長的情感。

他們在這些對話中所顯現的，是一種真誠，也是勇敢的示弱；是一種區辨，也是謙卑的反思；是一種務實，也是對於他人與自我複雜生命的有情接納。

游賀凱

曾擔任花蓮學生輔導諮商中心適性輔導組長

也思實驗教育輔導專員

最高學歷：輔仁大學心理學碩士

謝幕

「謝幕」，在文字之後

對重要的人說出感謝的話，是不容易的。

對重要的你和妳，說出感謝，是一定要的。

在這場「對話」即將落幕之際，我想對閱讀這本書的妳和你，

說說話……

柏翰：

非常感謝一路陪我們走到這裡的大家，這不是客

套話。

在廣大的書海中，你／妳願意選擇這本書；在講求精簡、效率、短影音的時代裡，妳／你願意細讀我們的文字，傾聽我們的「對話」。這是如此難得的緣份，我感動並感恩。

一開始，聽到出書消息感到意外；而後又經過幾次內容的微調，每一次的調整，好像都在重新整理自己。謝謝在我們身邊給予協助的每一個人。

在文字之後，我期待與你的下次相遇。

紫涵：

首先，謝謝你看完了整本書，來到這裡，繼續閱讀著我的致謝詞。

一切都如夢、似幻，從未想過我能與自學團的同學們一起出書，分享自己的經驗、對話彼此的想法。這真的是一個難能可貴的機緣；在這裡遇見你，也是。

再來，我要謝謝自己，這個名叫許紫涵的女孩。謝謝妳願意給自己數不清重新來過的機會——十七歲說不會活到十八、十八歲說不會活到二十；而現在是十九歲的第四個月，看來妳又要重新開機，重新設定一下壽命了，哈哈……

最後一定要送禮，送給翻著書頁到這裡的你一個禮物：「一切都在變好的路上！」

唯獨確信自己，那才是真正的相信。

翊耘：

我是王翊耘。

感謝看到這裡的你／妳。

不論你拿起這本書的原因是什麼，相信我們的相遇就像播下種子，將在未來的某處發芽。

我在對話文本中很少讓讀者感受到我的脆弱、傷痛、無助，但這些其實時不時就會浮現。完成這本書的過程我發覺，「人生」並沒有所謂的完美、傷痛是不會與自己完全和解、共生的。

即使如此，可以有這趟自我探索的旅程，我十分感激；所以想傳遞祝福給予讀者們，願妳／你走過的道路沿路開滿鮮花；即使蜿蜒崎嶇，仍有繼續前行的勇氣！

昱瑾：

青春像是一片湖，它顯像了走向成年之旅的我們，此時此刻最真的樣態。它澄澈透明，有時也在陽光下折射出色彩斑斕的光影——青春就是，即使無法預期下一秒會變成何種模樣，仍可以相信它是充滿能量、可塑性與創造力都極高的時期。

參與一本書的產出過程，讓我重新翻看過去的生活、回顧當時的忐忑與期待。對於成年的焦慮、成為打工人的職場生活，那些我曾感到不安煩悶的瑣碎，都是走在成為所謂「大人」一路上的里程碑。

這份文本不只在與同儕對話，亦是你我能夠與過去、現在、未來的自己連結並且再次與那些自己說說話的機會。謝謝每一位閱讀這本書的朋友，願意傾聽青少年的聲音，也探至他們的內心世界。

大維：

這本書來到尾聲了，首先感謝耐心看到最後的各位；至少對我來說，耐心看完一本書，代表對於作者以及作品有十足的尊重和重視。

除了感謝之外，也希望透過對話本身的力量，帶給讀者豐沛的收穫。

這本書的主軸圍繞在「對話」，在「對話」中，我確實也看到這是被稱為青少年的我們，走向成人的歷程。因此我希望對話不是隨著文本完成就結束，或是只停在幾位青少年之間；而是能夠延續，成為作者和讀者、讀者和文本之間相互理解的橋樑——這即是藉由各位讀者的詮釋和思考，讓作品得以存活、發揮其價值的方法。

瑋著：

以出書為契機，寫下自己的故事。在這之前，我從來沒有說出這些經歷的機會，因為我認為自己不起眼，默默無聞，不會有人想知道在我身上發生了什麼事。

社會上大家好像都共同默認沒有人有義務承接他人的情緒，井水不犯河水。但這世界恰恰愈來愈多的就是獨自承受壓力、獨自受傷的人們；如果我們都遵守這條規則，誰能包容？誰能給予擁抱？誰敢放聲哭泣？或受傷的徹底？

所以，謝謝願意閱讀這本書的你／妳，給予少男少女一個舞台，述說故事、治癒傷痕，也希望終有一天，妳／你能站上屬於自己的舞台。

祉辛：

謝幕，這本書到這裡謝幕了，就像夢一樣。

我原本實在沒有自信認為自己能夠傳達什麼，也不認為我的對話具有什麼深遠的意義。但走著走著，我開始相信：藉由我們的「對話」，若有任何一個字與你產生了共鳴；或在未來的某一刻，成為你腦海中浮現的聲音，那應該就算是成全了這份意義所在。

謝謝你！

暐君：

一直覺得「對話」就像一場與大家共感的夢。

孤島上的我們，在夢之中相互共鳴、碰撞，並且發出迴響。夢結束了，希望這些振盪，能夠在讀者心裡留下一點漣漪，與我們一起共感。

感謝所有付出努力和給予支持的朋友，也感謝有人願意傾聽這些小小的夢——感謝正在閱讀的你。

序翰：

我不擅長以華麗的文字表達，但我想說的是，在這本書裡，分享的都是最真實、深刻的想法。

如果我的文字能夠受人喜愛，觸動旁人的心，除了感謝，我也覺得十分榮幸。

感謝讀者在閱讀的過程中與青少年相伴；謝謝你們成為賦予這本書重要意義的其中一員。

敏暄：

一開始從未想過我們的「對話」內容可以編輯成書，並且成功出版。這對於我來說，是個印象深刻的體驗。

書中的「對話」都是在真實的來來回回之中產生的，那是青少年們的生命經驗。

話語間的碰撞、想法的交會與匯聚，都是自身與他人互相理解的過程。「對話」做為人與人之間的橋樑，究竟扮演了什麼樣的角色？我相信在閱讀後，讀者將對此有更多的想像與體會。

最後，謝謝你／妳願意打開這本，記錄我們內心無數想法的日記。

恩宇：

萬分感謝各位閱讀這本書，並耐心的仔細看到封底以下。

最後的段落，其實毫無自信以絢爛的華藻表示感謝，不過這來回的絮絮，有時候是自己擁有一塊完整的零件去等待沾黏；有時候是在一次次來回的浪花中撿到什麼；有時候是冥冥之中被打開的情感包裹，一發不可收拾。

創作這本書，形成一條渾然天成的流。希望你們也能受其滋潤，在這遍佈凝鍊的文字與符號中，探出與一群青少年不同的東西。這與我們經歷的這場冒險，於我來說，都是最珍貴且令人期待的。

國家圖書館出版品預行編目（CIP）資料

當自學生遇見自學生—對話：那些療癒與成長的故事 / 李柏翰，許紫涵，王翊耘，陳祉辛，簡暐君，顏序翰，姬敏暄，李恩宇，李昱瑾，周瑋碁，黃大維著.
-- 初版. -- 新北市：斑馬線出版社，2024.04
面； 公分
ISBN 978-626-97832-8-1（平裝）

1. CST: 自學 2. CST: 學習心理

528.1 113003005

當自學生遇見自學生
對話：那些療癒與成長的故事

作 者 群：李柏翰 許紫涵 王翊耘
陳祉辛 簡暐君 顏序翰 姬敏暄 李恩宇
李昱瑾 周瑋碁 黃大維
總 策 劃：社團法人台灣也思服務學習協會
總 編 輯：施榮華
封面設計：余佩蓁

發 行 人：張仰賢
社 長：許 赫
副 社 長：龍 青
總 監：王紅林
出 版 者：斑馬線文庫有限公司
法律顧問：林仟雯律師

斑馬線文庫
通訊地址：234 新北市永和區民光街 20 巷 7 號 1 樓
連絡電話：0922542983

製版印刷：龍虎電腦排版股份有限公司
出版日期：2024 年 4 月
ISBN：978-626-97832-8-1
定 價：330 元